LOI

SUR

LES ACCIDENTS AGRICOLES

Rapport de M. CONRAIRIE

Ancien avoué

LOI

LES ACCIDENTS AGRICOLES

Rapport de M. CONRAIRIE

Ancien avoué

Extrait du *Bulletin mensuel du Syndicat agricole d'Anjou*

Loi sur les accidents agricoles

Parmi les projets de loi soumis aux délibérations des Chambres, il n'en est pas qui intéresse plus vivement l'agriculture que celui sur les accidents agricoles. A différentes reprises, nous avons appelé l'attention de nos lecteurs sur la nécessité qu'il y avait pour eux de se rendre compte de la portée du projet de loi et de ses conséquences. Nous avons également signalé cette question aux présidents de section, leur demandant d'en faire l'objet des causeries des réunions.

La Commission de législation de notre syndicat a été chargée, par le bureau du syndicat, d'étudier le projet de loi dont il s'agit et de lui donner son avis.

La Commission a confié le soin de lui présenter un rapport sur ce sujet à l'un de ses membres les plus distingués, M. Conrairie, ancien avoué.

Ce dernier a alors rédigé le remarquable travail que nos lecteurs trouveront ci-après, que la Commission de législation, d'abord, et, ensuite, le Bureau du syndicat se sont empressés d'adopter en adressant à son auteur leurs plus chaudes félicitations, en même temps que leurs remerciements.

Nous ne saurions trop recommander aux sections cette étude si claire et si consciencieuse de la question, et insister pour qu'elles émettent un vœu conforme aux conclusions du travail.

« Dans les divers projets de loi qui ont été déposés concernant la responsabilité des exploitants en matière agricole, les auteurs de ces projets posent en principe que tout le monde est d'acord pour demander cette extension de la loi de 1898 sur les accidents. Rien cependant n'est moins vrai que cette proposition, et si ceux qui la mettent en avant avaient vécu au milieu de cultivateurs et s'étaient préocupés de leurs désiderata, ils seraient vite revenus de leur erreur. Si, en effet, on faisait une consultation loyale près des cultivateurs, grands ou petits et près des comités agricoles, syndicats et autres groupements s'occupant des intérêts de l'agriculture, il est absolument certain que le résultat de cette consultation serait absolument contraire au principe mis en avant par les législateurs.

« S'il y a un désiderata formulé par les cultivateurs de toute catégorie, patrons ou employés, c'est celui d'un dégrèvement de la propriété foncière toujours promis et contre lequel les législateurs ne cessent de protester à leur manière en imposant de nouvelles charges à l'agriculture. Il n'est pas téméraire d'ajouter que les employés agricoles appelés à bénéficier de cette extension du principe de la responsabilité, seraient eux-mêmes hostiles à cette loi, parce qu'ils n'ignorent pas que, pour des raisons que nous nous proposons d'indiquer, elle sera nuisible à leurs intérêts.

« En assimilant les exploitations agricoles aux ateliers industriels, on commet une grave erreur. Les conditions du travail sont tout autres dans les exploitations agricoles que dans les ateliers industriels.

« Dans tous les ateliers industriels, les ouvriers sont groupés dans un même local; ils travaillent sous la direction constante et permanente d'un patron ou d'un contre-maître qui peut imposer sa volonté et les obliger à prendre les précautions commandées par la prudence pour éviter les accidents. Dans les grandes comme dans les exploitations agricoles de moyenne étendue qui sont la généralité, la plupart du temps les gens de service sont seuls dans les champs, sans surveillance effective et immédiate du patron que ses affaires et les soins même de l'exploitation retiennent ailleurs. Les gens de service peuvent donc commettre toutes sortes d'imprudences dont le patron sera responsable sans qu'il puisse prendre aucune mesure utile pour se prémunir; il sera livré, sans défense possible, aux maladresses et aux caprices même de ses employés, quelles qu'en soient les conséquences. Cette seule considération nous permet déjà d'apercevoir combien une pareille loi sera dangereuse pour les cultivateurs.

« On ne doit pas oublier, en outre, que dans l'industrie l'employé est le serviteur de machines puissantes que la force de l'homme ne peut maîtriser ; et son habileté à les manœuvrer n'est pas suffisante pour éviter des accidents.

« On conçoit, par suite, que la prévoyance exigeait que l'on prît les mesures nécessaires pour protéger les ouvriers contre les conséquences des accidents si fréquents occasionnés par le machinisme moderne.

« Dans l'industrie agricole, l'emploi de moteurs inanimés n'existe pas et les causes qui ont déterminé les législateurs à voter la loi de 1898 font défaut. On ne peut, à aucun point de vue, établir un parallèle entre l'industriel et le cultivateur ni dans le mode et les conditions du travail, ni au point de vue de la vente de leurs produits. Les industriels, grevés d'une nouvelle et lourde charge par la loi de 1898, ont pu, dans une certaine limite, se décharger des conséquences de cette loi en élevant le prix de vente de leurs produits. Lorsque le prix de revient des matières premières augmente ou lorsque les salaires des ouvriers s'élèvent, les industriels, par une entente réciproque, haussent la vente de leurs produits et se couvrent au moins pour la majeure partie des dépenses nouvelles qui leur incombent.

« Il n'en est pas de même dans l'agriculture ; l'augmentation des charges n'influe en aucune manière sur les prix de vente des produits. Les cultivateurs sont obligés de se soumettre à la loi de l'offre et de la demande. Ils ne peuvent, comme l'industriel, modifier, par une entente commune, les prix de vente. Leurs produits devant, de toute nécessité, être écoulés dans un espace de temps peu éloigné, sous peine de dépréciation et même de perte totale, ils sont obligés de

se soumettre à l'offre faite, sans pouvoir
être les maîtres du marché. Ils seront donc
placés par cette loi dans une situation absolument différente de celle faite aux commerçants et aux industriels qui ont pu se prémunir contre les lois de garantie en cas
d'accidents ; quant aux cultivateurs ils ne
pourront se prémunir contre les conséquences financières de la loi, ni se
décharger sur le public comme l'ont fait
les industriels et les commerçants. Si on
a pensé, par le vote d'une loi étendant
celle de 1898 aux accidents agricoles,
éviter l'émigration vers les villes, il nous
semble que l'on fait encore fausse route
et un calcul absolument erroné. Nous
ne croyons point, en effet, être dans l'erreur en affirmant que les fils de cultivateurs, en voyant les charges écrasantes
qui pèseront sur les cultivateurs et l'agriculture en général, abandonneront au
contraire les traditions familiales pour
aller chercher dans les villes une vie plus
facile et surtout des plaisirs plus nombreux et plus variés. Cette loi aura donc
pour effet principal de favoriser la dépopulation des campagnes contre laquelle
les esprits sensés ne cessent de s'élever
et de lutter.

« Pour faire des lois sages, il ne suffit
point d'apprécier les faits spéculative-

ment, il faut les examiner et les peser
dans leur réalité brutale ; aussi, trop souvent, ceux qui vivent dans les sphères
intellectuelles et spéculatives oublient, ou
plutôt ignorent la condition difficile et
pénible des cultivateurs, et les luttes
qu'ils ont à soutenir pour se maintenir
dans une situation honorable.

« Enfin, avant de grever les cultivateurs
de charges nouvelles, le premier devoir
des législateurs est de se demander si
l'agriculture déjà si grevée est capable
de supporter ces charges que l'on veut
lui imposer et si ce sacrifice ne dé-
passera pas ses forces. Vous savez tous
en effet, Messieurs, combien sont déjà
lourdes les charges publiques qui pèsent
sur l'agriculture et sur la terre ; c'est
la terre qui, dans une très large mesure,
alimente le budget de la France par les
impôts fonciers, prestation, droits de
succession et autres.

« Quelle va être la charge nouvelle
imposée à ceux-ci par la loi sur la responsabilité des accidents agricoles, si
elle vient a être votée ; on ne peut,
quant à présent, l'apprécier au juste,
mais elle sera certainement considérable.
On ne peut en ce moment donner une
fixation même approximative de cette
charge ; car les Compagnies d'Assurances

consultées n'ont pu donner de rensei-
gnements précis sur le taux qu'elles
devraient adopter. Si on accepte le projet
Beauregard, le moins onéreux des trois
qui ont été présentés, on ne peut évaluer
la charge nouvelle à moins de 4 francs
par hectare cultivé. Vous n'ignorez pas,
Messieurs, que dans la plupart des com-
munes de notre département chaque hectare de terre en culture paie déjà une
moyenne de 7 francs pour impôt foncier.
C'est donc, 11 francs par hectare que
le cultivateur devra payer. Ajoutez à
cela l'impôt mobilier, l'impôt des portes
et fenêtres, l'impôt de la propriété bâtie,
l'impôt des prestations et vous jugerez
ainsi des charges écrasantes qui pèsent
sur les propriétaires terriens. Si l'on
veut détruire la propriété foncière,
la plus grande source de la richesse
française, il n'y a qu'à continuer dans
cette voie, la ruine nous guette et nous
attend. La dîme, dont le souvenir a
fait couler tant de flots d'encre est lar-
-gement dépassée.

« Nous n'avons jusqu'ici fait entrer en
compte que les charges résultant pour
les cultivateurs des sommes qu'il est
tenu de verser au fisc, mais nous devons ajouter à celles-ci tous les frais de
l'exploitation, paiement et nourriture

des gens de service, matériel et machines de culture, etc. Cette énumération vous permet d'apprécier combien la situation de cultivateur va devenir peu enviable et peu recherchée. Nous n'hésitons pas à penser que, dans l'état actuel, les cultivateurs ne sont pas en mesure de supporter la charge nouvelle que l'on veut leur imposer sans que cette mesure soit réclamée par l'opinion publique.

« Aussi nous vous proposons pour toutes ces considérations d'émettre un vœu défavorable au principe d'extension à l'agriculture de la loi sur les accidents.

« Néanmoins, dans la prévision où le principe de cette loi serait admis par la Chambre des députés, nous devons examiner sommairement les projets soumis au parlement. Ces projets sont au nombre de trois. Le projet du gouvernement, celui de la Commission de prévoyance et le projet déposé par M. Beauregard.

« Un premier vœu nous semble devoir être émis avant l'examen de ces projets de loi.

« Ce vœu consiste à demander que toutes les dispositions admises par le parlement et concernant l'étendue de la responsabilité aux accidents agricoles soient codifiées en un texte unique sans référence aux lois antérieurement votées.

La loi projetée concernera uniquement les cultivateurs ; il nous semble, par suite, utile de rappeler ici que les cultivateurs ne sont en majeure partie ni des lettrés ni des juristes, et il est nécessaire de mettre à leur portée un texte clair et précis pour leur permettre de se rendre un compte exact du cadeau qui leur sera octroyé par le parlement et des charges écrasantes que nos légistateurs vont imposer aux cultivateurs pour leur démontrer que la vie à la campagne était trop douce et trop facile et qu'ils ont eu raison de s'octroyer 15.000 francs aux dépens de la Caisse Nationale.

« Si nous entrons dans l'examen des projets de loi proposés, nous y voyons que le projet du gouvernement et celui de la Commission admettent tous les deux une proposition dont l'admission constituerait une charge absolument effrayante pour les cultivateurs. Ces deux projets admettent, en effet, que tous les accidents agricoles sont *présumés* accidents du travail, sauf preuve contraire.

« Les cultivateurs se trouveraient par suite à la merci de leurs employés qui pourront se permettre toutes les fantaisies, toutes les extravagances même, puisque c'est le patron qui sera tenu de payer. Le cultivateur, nous l'avons déjà dit, ne peut le plus souvent surveiller ses employés qui travaillent dans les champs loin de lui ; il ne peut les empêcher de commettre des imprudences et des fautes graves, qu'importe, il assumera, en cas d'accidents, la responsabilité de ces fautes.

« Si ce principe est admis, quel est le cultivateur qui osera employer des gens de journée dont il ne connaît ni le caractère, ni les aptitudes, ni l'état de santé ; il reculera devant la responsabilité qui lui incombera en cas d'accidents, alors qu'ils seraient produits par une cause étrangère au travail, mais dont il ne pourra faire la preuve. Il nous semble que tous les membres des syndicats doivent, dans l'intérêt même de l'agriculture, protester contre une pareille proposition et demander, avec la plus grande énergie, qu'au cas d'accident la victime soit tenue de prouver qu'il a été occasionné par un travail commandé.

« Le projet Beauregard lui-même n'est pas précis à cet égard, il importe d'éviter toute ambiguité, et de demander à ce que la preuve de la cause de l'accident soit mise à la charge de l'employé. Si les projets de la commission ou du gouvernement étaient adoptés, avec la preuve mise à la charge du cultivateur, on peut affirmer que toute culture de-

viendrait impossible. D'ailleurs, la prime
de 4 francs par hectare, indiquée par les
compagnies, comme base de l'assurance,
n'a été évaluée que pour le cas où la
preuve incombera à l'employé. S'il en
était autrement, la prime serait sensiblement plus élevée. Vous pouvez,
Messieurs, en présence de ces données,
apprécier combien les projets de loi
présentés seront ruineux pour l'agriculture s'ils venaient à être admis, et la
nécessité de faire pénétrer dans l'esprit
des législateurs le danger qu'il y aurait
à voter une loi basée sur un principe
semblable.

« C'est encore à tort, selon nous, qu'au
cas où l'exploitant aurait voulu rester
son propre assureur, la loi accorde un
retour contre le propriétaire du sol. Ce
système présente un danger, il encouragera le cultivateur à ne pas s'assurer,
pour faire retomber une part de risque
sur le propriétaire et il forcera ce dernier
à s'immiscer dans les affaires de son
fermier, d'où des motifs nombreux de
discussion qui ne seront pas pour aplanir
les difficultés entre les diverses classes
de la société.

« Nous estimons que c'est avec raison
que, dans le projet Beauregard, le salaire
maximum devant servir de base à la

fixation des indemnités a été abaissé à 800 francs.

« Nous devons signaler encore un point grave contenu dans le projet de la commission comme dans celui du gouvernement. Ces projets se réfèrent à la loi de 1898 pour la fixation du taux de l'indemnité à allouer en cas d'accidents. Il y a là, selon nous. une grave erreur, car les auteurs de ces projets oublient que les conditions d'existence du cultivateur à la campagne sont toutes différentes de celles de l'ouvrier à la ville. La vie à la campagne est plus facile et beaucoup moins chère que dans les villes. Le taux de l'indemnité doit donc être sensiblement abaissé pour les accidents agricoles sur le taux fixé pour les accidents de l'industrie.

« Tous les projets, même celui de M. Beauregard, fixent, en cas d'accident, une rente variable avec le nombre d'enfants. Ce système a, selon nous, un grave inconvénient ; il encouragera le cultivateur à n'employer que des célibataires ou des personnes mariées n'ayant point ou peu d'enfants. Le père d'une famille nombreuse, pour lequel le travail est d'autant plus nécessaire que ses besoins sont plus grands, sera celui qui trouvera le plus difficilement à s'employer. Ce fait se produit déjà pour les ouvriers de l'industrie, et ils ne sont pas rares les patrons qui refusent d'employer des ouvriers ayant charge d'une nombreuse famille. Le résultat de la loi proposée sera d'encourager le célibat, de restreindre le nombre des naissances. Qui ne voit combien un pareil résultat est déplorable pour la prospérité d'un pays où l'on se plaint si fort, et à juste titre, du défaut de natalité. Nous espérons que M. Piot et ses partisans, qui luttent avec tant de persistance et de courage contre la dépopulation française, se joindront aux cultivateurs pour protester avec la plus grande énergie contre l'adoption d'un système aussi contraire à la consolidation de la famille et aux naissances qui diminuent dans de si notables proportions. Vous protesterez donc contre l'adoption de ce principe et formulerez le vœu qu'au cas d'accident mortel, l'indemnité à allouer à la famille soit proportionnée uniquement au salaire de la victime sans avoir égard au nombre d'enfants. Ce système nous paraîtrait plus conforme à l'intérêt des employés agricoles, car alors le cultivateur n'aura plus de raison pour lui refuser le travail, et au cas d'accident la subsistance sera assurée à sa famille dans des proportions justes **et raisonnables.**

« Sur les autres points de détail qui consistent à déclarer inexcusables l'ivresse et la brutalité envers les animaux, vous donnerez un avis favorable au projet Beauregard qui a encore fait preuve de sagesse 1° en dispensant le chef de l'entreprise de paiement d'indemnité à la victime pendant le temps qu'elle sera nourrie et logée chez l'exploitant ou à ses frais. 2° en réglementant et en fixant les honoraires pour secours médicaux et pharmaceutiques.

« Il y aurait encore une longue étude à faire sur les formalités prévues en cas d'accidents, formalités qui, d'après tous les projets présentés, nous paraissent beaucoup trop compliquées. On oublie trop dans les assemblées législatives que si, en principe, nul n'est censé ignorer la loi, en fait la plus grande partie des citoyens ignorent les lois qui les régissent. Ils sont obligés de recourir à des intermédiaires pour se faire renseigner. Il serait très utile, la loi actuelle ne concernant que des gens peu versés dans le droit, de la simplifier autant que possible, afin de permettre aux intéressés de se guider eux-mêmes sans avoir recours à des tiers, ce qui grève toujours le budget des malheureux cultivateurs auxquels on prodigue souvent de bonnes paroles qui se changent pour eux en dépenses toujours grossissantes et en impôts nouveaux.

« Pour résumer ce rapport et l'exposé des faits qui viennent d'être indiqués, nous pensons qu'il y a lieu de proposer aux membres du Syndicat d'émettre le vœu suivant :

« Que les projets de loi ayant pour but d'étendre la loi de 1898 aux accidents agricoles soient rejetés, parce que si elle était votée :

« 1° Cette loi serait ruineuse pour l'agriculture déjà si surchargée d'impôts ;

« 2° Elle concourrait à favoriser l'émigration des exploitants vers la ville, par le découragement qu'elle leur inspirerait ;

« 3° Elle nuirait aux gens de service pères d'une nombreuse famille, car il est évident que les cultivateurs, à l'exemple des patrons d'industrie, refuseraient d'employer les parents chargés de nombreux enfants en raison de risques courus en les utilisant.

« Et au cas où, malgré les protestations des cultivateurs, le principe de cette extension de la loi de 1898 serait voté, nous estimons qu'il y a lieu d'émettre les vœux ci-après en raison des projets divers déposés.

« 1° Vœu pour demander que la loi

nouvelle codifie en un seul contexte toutes les dispositions législatives, sans s'en référer aux lois déjà votées, et ce, afin de permettre aux cultivateurs de se rendre un compte aussi exact que possible de la situation qui leur sera créée, sans recourir à des intermédiaires.

« 2° Vœu pour demander que la preuve de la cause génératrice, au cas d'accidents, incombe aux employés, et non aux exploitants qui, au cas contraire, seraient victimes de toutes les imprudences, de toutes les fautes et de tous les caprices mêmes de leurs employés, sur lesquels ils ne peuvent exercer une surveillance directe et immédiate.

« 3° Vœu pour demander que dans les enquêtes, au cas d'accident, les ouvriers et employés de l'exploitant puissent être entendus comme témoins, en raison de l'impossibilité matérielle où ils se trouvent d'avoir d'autres témoins.

« 4° Vœu pour demander que l'ivresse et la brutalité des employés à l'égard des animaux soient considérées comme fautes inexcusables.

« 5° Vœu pour demander que le taux de l'indemnité soit largement inférieur à celui adopté par la loi de 1898, les loyers et la vie étant moins chers à la campagne qu'à la ville.

« 6° Vœu pour demander que l'indemnité soit fixée uniquement sur le salaire de la victime sans avoir égard au nombre d'enfants, afin que les cultivateurs ne soient amenés par la force des choses à refuser du travail aux parents chargés d'une nombreuse famille, et ce, en raison des risques trop élevés, que fait courir l'emploi de pères de famille qui, déjà, sont rejetés par beaucoup de patrons et industriels.

« 7° Vœu pour demander que des dispositions précises soient adoptées pour assurer au blessé les secours médicaux et pharmaceutiques dans des conditions raisonnables. »

G. CONRAIRIE.
Ancien avoué.

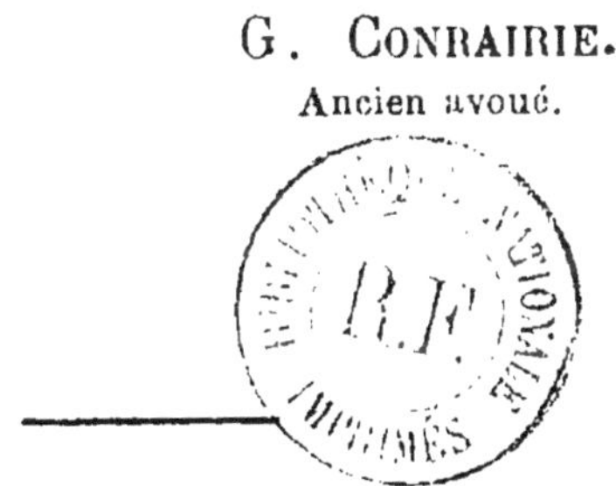

Angers imp. Germain et G. Grassin. — 1958-8.

9 782019 243494